4

YOUER HANYU

幼儿汉语

北京华文学院　编

暨南大学出版社

图书在版编目（CIP）数据

幼儿汉语　第4册/北京华文学院编.—广州：
暨南大学出版社，2004.12
ISBN 7-81079-197-4

Ⅰ.幼…
Ⅱ.北…
Ⅲ.汉语—儿童教育—对外汉语教学—教材
Ⅳ.H195.4

中国版本图书馆CIP数据核字（2002）第090023号

监　　制：中华人民共和国国务院侨务办公室
（中国·北京）
监制人：刘泽彭
电话/传真：0086-10-68320122

●

编写：北京华文学院
（中国·北京）
电话/传真：0086-10-68310837

●

出版/发行：暨南大学出版社
（中国·广州）
电话/传真：0086-20-85221583

●

印刷：北京朝阳印刷厂有限责任公司
2003年1月第1版　　2008年11月第5次印刷
787mm×1092mm　1/16

编写说明

　　《幼儿汉语》是中华人民共和国国务院侨务办公室、中国海外交流协会委托北京华文学院编写的一套幼儿汉语教材。本教材既可作为海外4～6岁学前班、幼儿园华裔少儿的课堂教学用书，也可作为家庭自学教材使用。

　　《幼儿汉语》作为《汉语》系列教材的学前部分，共包括课本4册，《教师参考书》1册。《教师参考书》对课本的使用做了有益的提示，对课文内容进行了有机的扩展，配合使用效果最佳。

　　本教材的教学目的是通过系统的学习和训练，使少儿具有最基本的汉语听说能力；能正确书写汉字的基本笔画；能认读课本中出现的基础汉字，从而培养海外少儿从小说汉语、写汉字的习惯和兴趣，为接受小学阶段的华文教育打下良好的基础。

　　本套教材首次推出，期盼海外广大使用者不吝赐教，以期再版时修订。

编　者

2002 年 7 月

主　　编：彭　俊

副 主 编：陈　默

编写人员：（以姓氏笔画为序）

孔雪梅　邵力敏　吴向华　陈　默　彭　俊

责任编辑：李　战　陈鸿瑶

美术编辑：陈　毅

目　录

1 你几岁了
nǐ jǐ suì le

dú yi dú
读一读

wǒ sān suì le
我 三 岁 了 。

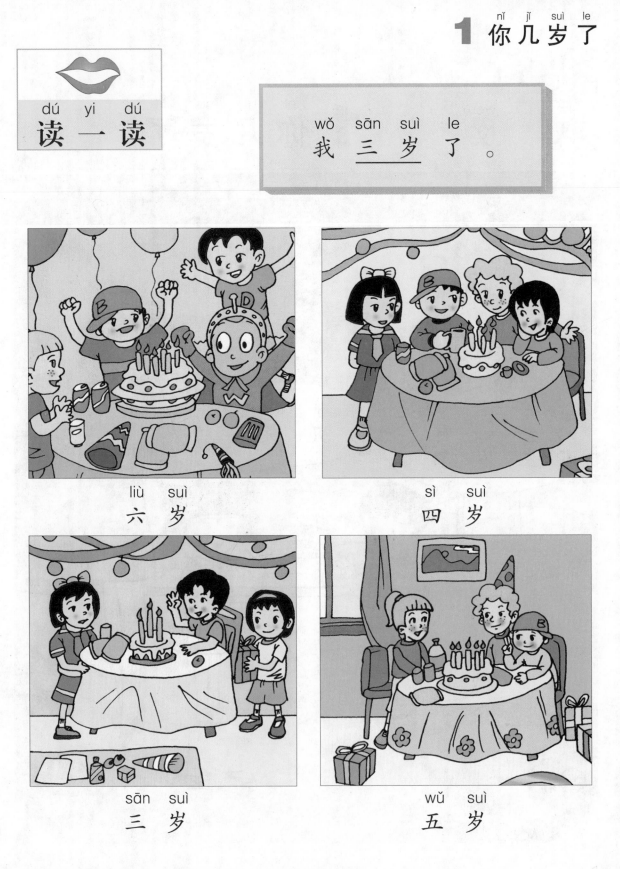

liù suì
六 岁

sì suì
四 岁

sān suì
三 岁

wǔ suì
五 岁

写一写

我们

nǐ jǐ suì le
你几岁了？

shēng　　rì
生　日

shēng	rì	dào		zhǎng	yí	suì	
生	日	到	，	长	一	岁	，
zì	jǐ	chī		zì	jǐ	shuì	
自	己	吃	，	自	己	睡	，
zì	jǐ	shì	qing	zì	jǐ	zuò	
自	己	事	情	自	己	做	，
mā	ma	kuā	wǒ	hǎo	bǎo	bèi	
妈	妈	夸	我	好	宝	贝	。

2 生日快乐
shēng rì kuài lè

dú yi dú
读一读

shēng rì kuài lè
生日快乐！

xīn nián
新年

shèng dàn jié
圣诞节

chūn jié
春节

mǔ qīn jié
母亲节

shuō yi shuō
说一说

shēng rì kuài lè
A：生 日 快 乐 ！
xiè xie
B：谢 谢 ！

①

②

③

④

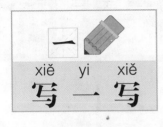

xiě yi xiě

写一写

kuài lè

快 乐

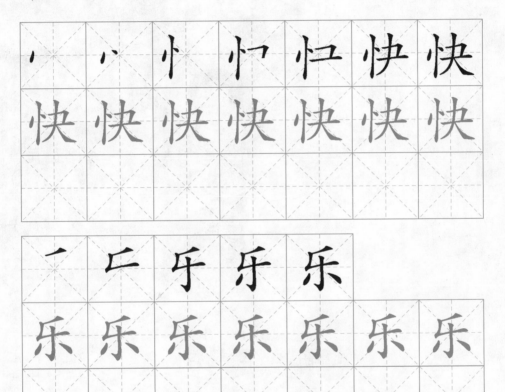

丶	八	忄	忄⊐	忄コ	快	快
快	快	快	快	快	快	快

一	二	牙	乐	乐		
乐	乐	乐	乐	乐	乐	乐

11

kè táng huó dòng
课 堂 活 动

shēng rì kuài lè
生日快乐！

xīn nián hǎo
新 年 好

1 = F 3/4

欢快地

1	1	1	5	3	3	3	1
新	年	好	呀,	新	年	好	呀,

1	3	5	5	4	3	2	—
祝	贺	大	家	新	年	好!	

2	3	4	4	3	2	3	1
我	们	唱	歌	我	们	跳	舞,

1	3	2	5	7	2	1	—
祝	贺	大	家	新	年	好!	

3 现在几点
xiàn zài jǐ diǎn

dú yi dú
读一读

xiàn zài shí èr diǎn
现在 十二点 。

---

bā diǎn wǔ fēn
八 点 五 分

jiǔ diǎn shí wǔ fēn
九 点 十 五 分

shí diǎn bàn
十 点 半

shí diǎn sì shí wǔ fēn
十 点 四 十 五 分

shuō yi shuō
说 一 说

A: xiàn zài jǐ diǎn
现 在 几 点 ？

B: xiàn zài bā diǎn
现 在 八 点 。

huà yi huà
画 一 画

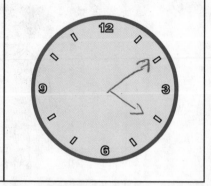

8：00　　　　4：10

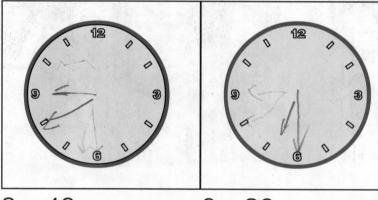

9：40　　　　6：30

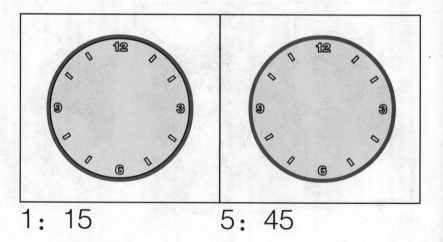

1：15　　　　5：45

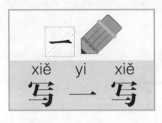

写一写
xiě yi xiě

chūn jié
春节

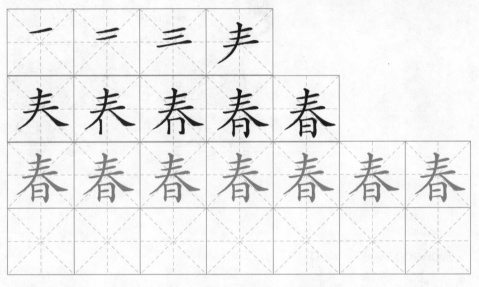

一 二 三 声
夫 耒 春 春 春
春 春 春 春 春 春 春

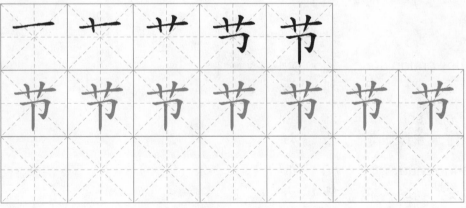

一 十 艹 节 节
节 节 节 节 节 节 节

kè táng huó dòng
课堂活动

jǐ diǎn le
几点了？

cháng gē xíng
长歌行

(汉)乐府诗

bǎi chuān dōng dào hǎi
百 川 东 到 海 ，

hé shí fù xī guī
何 时 复 西 归 ？

shào zhuàng bù nǔ lì
少 壮 不 努 力 ，

lǎo dà tú shāng bēi
老 大 徒 伤 悲 ！

課 文

4 我七点起床
wǒ qī diǎn qǐ chuáng

你 几 点 起 床 ？
nǐ jǐ diǎn qǐ chuáng

我 七 点 起 床 。
wǒ qī diǎn qǐ chuáng

dú yi dú
读 一 读

wǒ qī diǎn qǐ chuáng
我 七 点 起 床 。

xǐ zǎo
洗 澡

qù xué xiào
去 学 校

huí jiā
回 家

shuì jiào
睡 觉

shuō yi shuō
说 一 说

nǐ jǐ diǎn qǐ chuáng
A：你 几 点 起床 ？
wǒ qī diǎn qǐ chuáng
B：我 七 点 起床 。

①

②

③

④

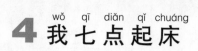

huà yì huà
画一画

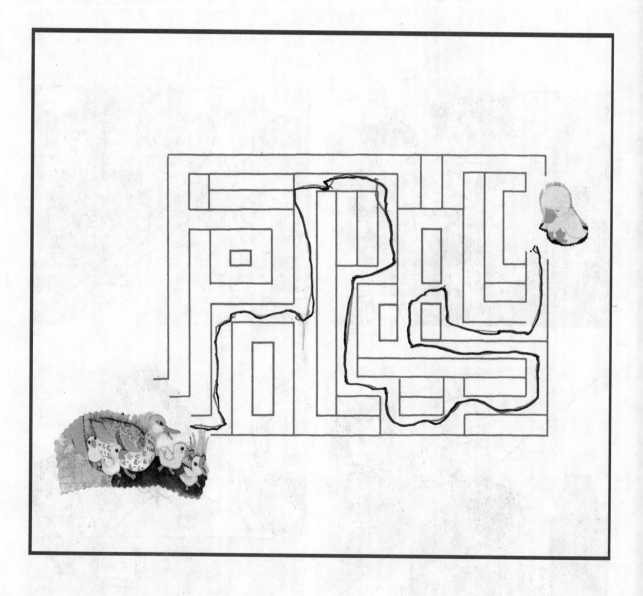

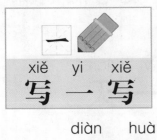

xiě yi xiě
写 一 写

diàn huà
电 话

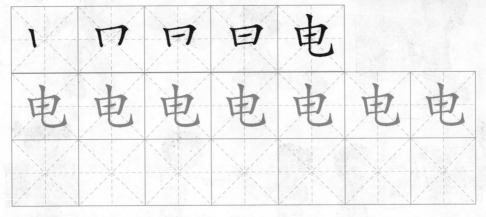

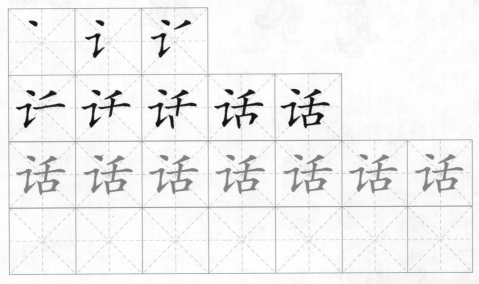

<ruby>课<rt>kè</rt></ruby> <ruby>堂<rt>táng</rt></ruby> <ruby>活<rt>huó</rt></ruby> <ruby>动<rt>dòng</rt></ruby>

<ruby>小<rt>xiǎo</rt></ruby> <ruby>兔<rt>tù</rt></ruby> <ruby>的<rt>de</rt></ruby> <ruby>一<rt>yì</rt></ruby> <ruby>天<rt>tiān</rt></ruby>

<ruby>春<rt>chūn</rt></ruby> <ruby>晓<rt>xiǎo</rt></ruby>

（唐）孟浩然

<ruby>春<rt>chūn</rt></ruby> <ruby>眠<rt>mián</rt></ruby> <ruby>不<rt>bù</rt></ruby> <ruby>觉<rt>jué</rt></ruby> <ruby>晓<rt>xiǎo</rt></ruby> ，

<ruby>处<rt>chù</rt></ruby> <ruby>处<rt>chù</rt></ruby> <ruby>闻<rt>wén</rt></ruby> <ruby>啼<rt>tí</rt></ruby> <ruby>鸟<rt>niǎo</rt></ruby> 。

<ruby>夜<rt>yè</rt></ruby> <ruby>来<rt>lái</rt></ruby> <ruby>风<rt>fēng</rt></ruby> <ruby>雨<rt>yǔ</rt></ruby> <ruby>声<rt>shēng</rt></ruby> ，

<ruby>花<rt>huā</rt></ruby> <ruby>落<rt>luò</rt></ruby> <ruby>知<rt>zhī</rt></ruby> <ruby>多<rt>duō</rt></ruby> <ruby>少<rt>shǎo</rt></ruby> 。

5 我们下午去游泳
wǒ men xià wǔ qù yóu yǒng

dú yi dú
读一读

wǒ men xià wǔ qù yóu yǒng
我 们 下 午 去 游 泳 。

shàng wǔ
上 午

zhōng wǔ
中 午

xià wǔ
下 午

wǎn shang
晚 上

shuō yi shuō
说 一 说

nǐ men shén me shí hou qù
A: 你 们 什 么 时 候 去

yóu yǒng
游 泳 ?

wǒ men xià wǔ qù yóu yǒng
B: 我 们 下 午 去 游 泳 。

① 8:30

② 15:30

③ 12:30

④ 19:00

lián yi lián
连一连

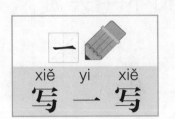

xiě yi xiě
写一写

zhōng wǔ
中 午

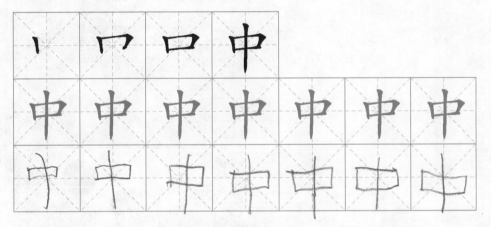

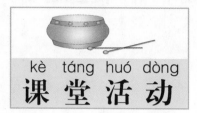

kè táng huó dòng
课堂活动

zuò yi zuò
做一做

yóu yǒng
游泳

xiǎo	xiǎo	shǒu		pāi	làng	huā	
小	小	手	,	拍	浪	花	,

làng huā náo wǒ jiǎo yā ya
浪 花 挠 我 脚 丫 丫 。

bā yí xià dēng yí xià
扒 一 下 , 蹬 一 下 ,

shuǐ lǐ lòu chū yuán nǎo guā
水 里 露 出 圆 脑 瓜 。

bà ba lè mā ma kuā
爸 爸 乐 , 妈 妈 夸 ,

shuō wǒ xiàng zhī xiǎo qīng wā
说 我 像 只 小 青 蛙 。

6 你怎么了
nǐ zěn me le

dú yi dú
读一读

wǒ tóu téng
我 头 疼 。

yá
牙

dù zi
肚 子

shǒu
手

tuǐ
腿

6 你怎么了
nǐ zěn me le

shuō yi shuō
说 一 说

A：你 怎 么 了 ？
nǐ zěn me le

B：我 头 疼 。
wǒ tóu téng

①

②

③

④

huà yi huà
画一画

写一写
xiě yi xiě

gōng yuán
公 园

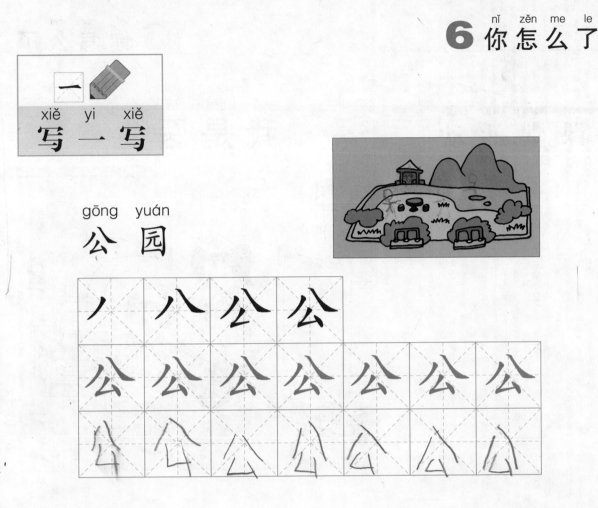

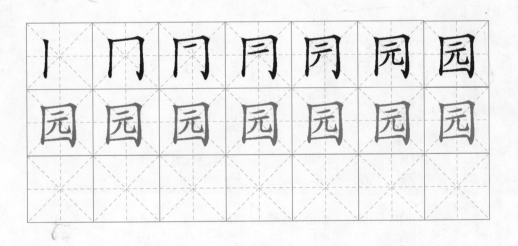

课堂活动
kè táng huó dòng

wǒ shì yī shēng

我是医生

tiān tiān zuò cāo

天 天 做 操

xiǎo péng you　　kuài zhào hǎo
小 朋 友 ， 快 站 好 ，

pái qǐ duì lái zuò zuò cāo
排 起 队 来 做 做 操 ，

shēn shēn shǒu　　wān wān yāo
伸 伸 手 ， 弯 弯 腰 ，

tiān tiān zuò cāo shēn tǐ hǎo
天 天 做 操 身 体 好 。

7 苹果有点儿酸
píng guǒ yǒu diǎnr suān

shuō yi · shuō
说 一 说

A: píng guǒ hǎo chī ma
　 苹 果 好 吃 吗 ？

B: píng guǒ yóu diǎnr　 suān
　 苹 果 有 点 儿 酸 。

① 甜

② 苦

③ 辣

④ 咸

suān
酸

tián
甜

kǔ
苦

là
辣

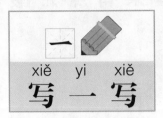
xiě yi xiě
写一写

hǎo chī
好 吃

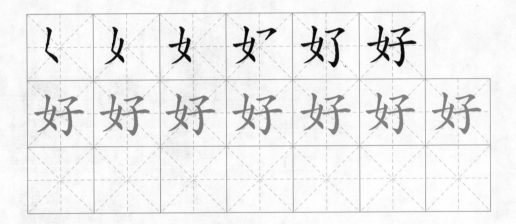

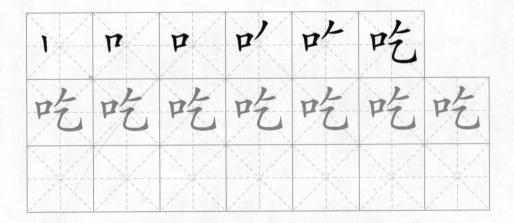

kè táng huó dòng

课 堂 活 动

cāi yi cāi

猜一猜

xīn nián dào

新 年 到

xīn nián dào
新 年 到 ，

xīn nián dào
新 年 到 ，

chuān xīn yī
穿 新 衣 ，

dài xīn mào
戴 新 帽 ，

chī jiǎo zi
吃 饺 子 ，

guà chūn liánr
挂 春 联儿，

pī pī pā pā
噼 噼 啪 啪

fàng biān pào
放 鞭 炮 。

8 我有点儿饿 wǒ yǒu diǎnr è

<ruby>读<rt>dú</rt></ruby> <ruby>一<rt>yi</rt></ruby> <ruby>读<rt>dú</rt></ruby>

<ruby>我<rt>wǒ</rt></ruby> <ruby>有<rt>yǒu</rt></ruby> <ruby>点<rt>diǎnr</rt></ruby>儿 <ruby>饿<rt>è</rt></ruby> 。

kě

渴

lèi

累

kùn

困

è

饿

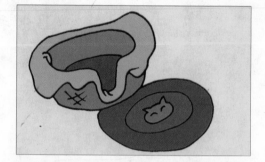

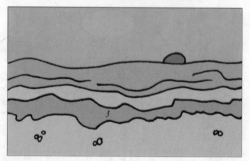

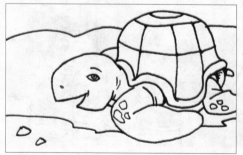

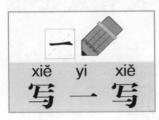

guǒ zhī
果 汁

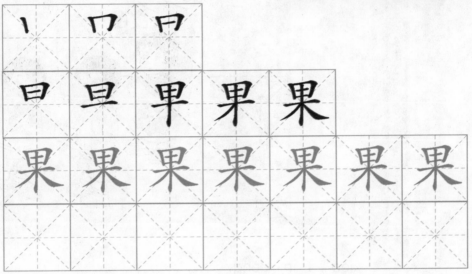

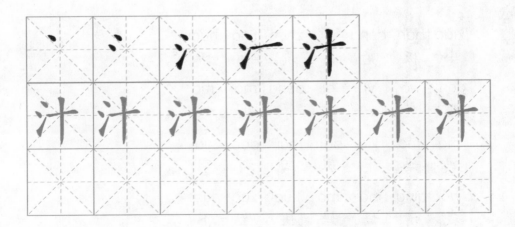

kè táng huó dòng
课 堂 活 动

cāi yi cāi
猜一猜

xiǎo bǎn dèng
小 板 凳

xiǎo bǎn dèng　　zhēn tīng huà
小 板 凳 ，真 听 话 ，

gēn wǒ yì qǐ děng mā ma
跟 我 一 起 等 妈 妈 ，

mā ma xià bān huí dào jiā
妈 妈 下 班 回 到 家 ，

wǒ qǐng mā ma kuài zuò xia
我 请 妈 妈 快 坐 下 。

9 我想去游乐园

wǒ xiǎng qù yóu lè yuán

我想去游乐园

明天你想去哪里？

dú yi dú
读 一 读

wǒ xiǎng qù yóu lè yuán
我 想 去 游 乐 园 。

dòng wù yuán
动 物 园

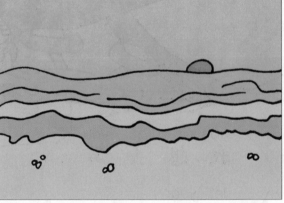

hǎi biān
海 边

chāo shì
超 市

gōng yuán
公 园

huà yī huà
画一画

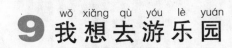
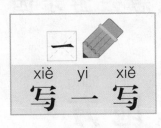

写一写

míng tiān
明 天

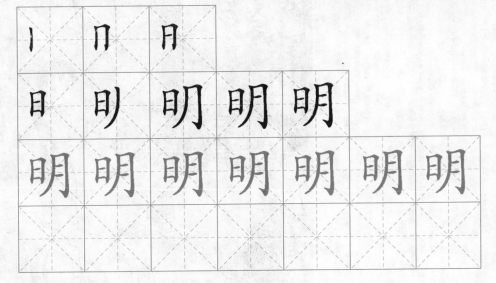

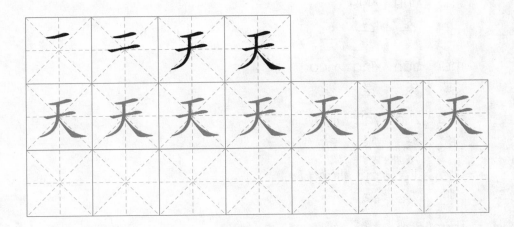

kè táng huó dòng
课堂活动

zhè shì shén me dì fang
这是什么地方？

xīng xing
星 星

mǎn tiān xīng xing
满 天 星 星 ，
zhǎ zhǎ yǎn jing
眨 眨 眼 睛 ，
nà kē zuì liàng
那 颗 最 亮 ，
zhào dào běi jīng
照 到 北 京 。

10 欢迎来北京
huān yíng lái Běi jīng

读一读
dú yi dú

huān yíng lái Běi jīng
欢 迎 来 北 京 。

Xiāng gǎng
香 港

Shàng hǎi
上 海

中文学校

zhōng wén xué xiào
中 文 学 校

wǒ jiā
我 家

说一说
shuō yi shuō

A：欢迎来北京！
huān yíng lái Běi jīng

B：见到你们很高兴！
jiàn dào nǐ men hěn gāo xìng

① 上海

② 香港

③ 宝宝家

④ 中文学校

huà yi huà
画一画

xiě yi xiě
写一写

Běi jīng
北京

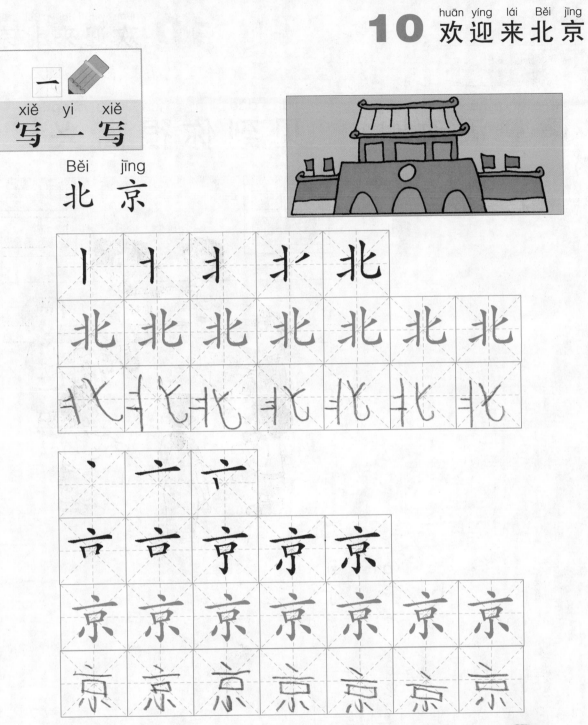

kè táng huó dòng
课堂活动

jiàn dào nǐ hěn gāo xìng
见到你很高兴！

xiǎo yàn zi
小 燕 子

1 = C 2/4

```
3 5  i 6 | 5 — | 3 5  6 i | 5 — |
小 燕 子,  穿 花  衣,

i · 3 | 2  i | 2 i 6 i | 5 — |
年 年 春 天  来 这 里,

3 · 5 | 6  5 6 | i  2 5 | 6 — |
我 问 燕 子  你 为 啥  来,

3 2  1 | 2 — | 2  2 3 | 5 5 | i  2 3 | 1 — ‖
燕 子 说 这 里 的 春 天 最 美  丽。
```

词汇表
vocabulary

1

岁	suì	age

2

生日	shēngrì	birthday
快乐	kuàilè	happy
新年	xīnnián	new year
圣诞节	shèngdànjié	Christmas
母亲节	mǔqīnjié	Mother's Day
春节	chūnjié	Spring Festival

3

现在	xiànzài	now
点	diǎn	clock
分	fēn	minute
刻	kè	quarter

4

起床	qǐchuáng	get up
洗澡	xǐzǎo	take a shower
学校	xuéxiào	school
回家	huí jiā	go home
睡觉	shuìjiào	go to bed

5

我们	wǒmen	we
你们	nǐmen	you
时候	shíhou	time
下午	xiàwǔ	afternoon
上午	shàngwǔ	morning
中午	zhōngwǔ	noon
晚上	wǎnshang	evening

6

怎么了	zěnmele	what's wrong
疼	téng	ache; pain
牙	yá	tooth
肚子	dùzi	stomach
手	shǒu	hand
腿	tuǐ	leg

7

好(吃、喝)	hǎo(chī、hē)	delicious
有点儿	yǒudiǎnr	a little
酸	suān	sour
甜	tián	sweet
苦	kǔ	bitter
菜	cài	dish course
辣	là	peppery
汤	tāng	soup
咸	xián	salty

8

饿	è	hungry
渴	kě	thirsty
累	lèi	tired
困	kùn	sleepy

9

明天	míngtiān	tomorrow
想	xiǎng	want
动物园	dòngwùyuán	zoo
海边	hǎibiān	seaside

	10			上海	Shànghǎi	Shanghai
欢迎	huānyíng	welcome		中文学校	zhōng wén xuéxiào	Chinese school
来	lái	to come				
北京	Běijīng	Beijing		我家	wǒ jiā	my home
香港	Xiānggǎng	HongKong